영문법의
개념을 한 권에.
가장 빠르고
명확한 문법 정리 가이드.

→

Contents	Page
명사, a/an 쓰임	1
명사의 소유격 하이픈(-)이 들어가는 명사	2
the 쓰임	3
인칭대명사 / 소유대명사	4
재귀대명사	5
지시대명사 비인칭주어 it & 가주어 it	6
부정대명사 some vs any	7
all, both, each 비교 every- , all- 비교	8
one, another, the other(s) 비교 There is / are	9
be동사	10
일반동사	11
부가의문문& 간접의문문 감탄문	12
현재진행형 / 과거진행형 will, be going to 비교	13
조동사	14
조동사+ have + p.p	15
형용사, 부사	16

Contents	Page
How + 형용사/부사 many, much, a few, a little	17
빈도부사 too, either 비교	18
비교급, 원급	19~20
문장형식 1~5형식	21
4형식→3형식	22
동명사	23
동명사 vs to부정사	24
완료동명사 동명사 수동태	25
to부정사 it is 형용사 for/of 목 to 동사 to부정사의 수동태	26
완료형부정사 too~to vs enought to	27
사역동사, 지각동사	28
동명사 vs 현재분사 감정 관련 현재분사 vs 과거분사	29
분사구문	30~31
during vs for by vs until 명령문	32

Contents	Page
수동태	33
현재완료	34
과거완료	35~36
현재완료진행	
가정법	37
조건 if	38
접속사 if(=whether)	
관계대명사	39~40
의문사 vs 관계대명사	41
that 쓰임	
계속적 용법 관계대명사	42
관계부사	
관계부사 생략	
관계대명사 vs 관계부사	43
복합관계부사	
Self-Check	45~87

저자	Ashley Lee
출판사	왓이프
이메일	onepagenote@naver.com
초판 1쇄 발행	2025년 7년 14일
ISBN	979-11-992197-1-7(13740)
신고번호	344-2022-000011

© 2025 왓이프 All rights reserved.
이 책의 내용 일부 또는 전부를 무단으로 복제, 전송,
배포할 수 없습니다.

❋ 명사 = 사람, 사물 등의 여러가지 이름

✓ 가산명사 = 셀 수 있는 명사

종 류	설 명	예 시
보통명사	일반적인 사람, 장소, 사물	dog, school, table
집합명사	여러 개체가 모인 집단	family, team, class

✓ 불가산명사 = 셀 수 없는 명사

종 류	설 명	예 시
고유명사	사람 이름, 지명 등 특정한 이름	Tom, Seoul, Korea
물질명사	일정 형태없는 물질이나 재료	water, air, rice
추상명사	생각, 믿음, 감정, 개념, 상태	love, freedom, happiness

✓ 명사가 몇 개야?

한개 → a 또는 an + 명사
여러 개 → 명사 뒤 s 또는 es

❋ a와 an의 쓰임새

관사	사용 조건	예 시
a	자음 소리로 시작하는 단어 앞	a book, a dog, a university
an	모음 소리(a,e,i,o,u)로 시작하는 단어	an apple, an egg, an honest man

💡 **TIP** 단어의 스펠링이 아닌 발음해 보고, 첫 소리가 모음인지 자음인지 확인

❋ 명사 종류 복수형 규칙 예시

명사 종류	예 시
단수형 = 복수형 단수와 복수 형태가 같음	deer, sheep, fish, moose
단수와 복수 형태가 다름	man → men, woman → women child → children, tooth → teeth
항상 복수형	scissors, pants, glasses (안경)

🔖 셀 수 있는 명사 vs 셀 수 없는 명사

셀 수 있는 명사
- **apple, book, pen**
- **a, an, many, a few, some**
- **an apple → apples**
- **I have two apples.**

셀 수 없는 명사
- **water, rice, milk, sugar**
- **a, an, much, a little, some** (a, an에 X 표시)
- **항상 단수**
- **I need some water.**

예시 / 수량 표현 / 단/복수 구분 / 예문

✿ 명사의 소유격: 누구의 것인지 말할 때

명사's	명사 + of + 명사
주로 생명 있는 것에 's 사람, 동물, 시간(예외) 등	사물이나 장소에는 of 사물, 장소, 추상적인 것
Tom's bag (톰의 가방) the dog's tail (강아지의 꼬리) today's news (오늘의 뉴스)	the leg of the table (책상의 다리) the color of the sky (하늘의 색) the capital of France (프랑스의 수도)

✿ 하이픈(-)이 들어가는 명사

하이픈(-) 으로 연결된 단어	하이픈(-) 없는 경우
She is a fifteen-year-old girl.	She is fifteen years old.
항상 단수형으로 씀: year (O), years (X)	I have studied English since 2020. She has lived here since last year.
뒤에 **명사**가 따라옴 It is a five-minute **walk.**	뒤에 명사 없음 It takes five minutes.

✿ the 반드시 쓰는 경우

"the"를 쓰는 경우	예 문
이미 언급한 명사	I saw a dog. The dog was cute.
듣는 사람이 아는 대상	Close the door.
유일한 존재	the sun, the moon, the earth
특정 장소, 기관, 국가	the United States, the Philippines, the bank
강, 바다, 산맥, 섬 그룹	the Amazon River, the Pacific Ocean
악기, 발명품, 신체 부위	the piano, the telephone, the head
형용사와 함께	the rich(부자들), the young(젊은사람들)
최상급, 서수 앞	the best, the first, the most exciting

✿ the 사용 불가

"the" 사용 안 함	예 문
일반적인 개념의 명사	I love music. / Water is essential.
식사, 요일, 월, 계절 등	I was born in March. / We had lunch at 12.
스포츠, 게임, 교통수단 등	She plays tennis. / I go to school by bus.
추상명사, 학문 분야	I like history. / Love is important.
학교, 병원, 직장 (일반적인 용도로 사용될 때)	She is at school. Grandma stayed in hospital after the surgery.

🌼 인칭대명사 : 사람이나 사물을 이름 대신 가리키는 말

인 칭	주 격	소유격	목적격	소유대명사
1인칭 단수	I	My	Me	Mine
2인칭 단수	You	Your	You	Yours
3인칭 단수 (남성)	He	His	Him	His
3인칭 단수 (여성)	She	Her	Her	Hers
3인칭 단수 (사물)	It	Its	It	-

인 칭	주 격	소유격	목적격	소유대명사
1인칭 복수	We	Our	Us	Ours
2인칭 복수	You	Your	You	Yours
3인칭 복수	They	Their	Them	Theirs

🌼 소유대명사 = '~의 것'을 나타내는 대명사

소유격	소유격 + 명사	소유대명사	예 문
My	My pen	Mine	This is my pen → This pen is mine.
Your	Your cat	Yours	She is your cat → She is yours.
His	His bag	His	This is his bag → This bag is his.
Her	Her dress	Hers	This is her dress → This dress is hers.
Its	Its color	-	I like its color.
Our	Our bed	Ours	This is our bed → This house is ours.
Their	Their car	Theirs	This is their car → This car is theirs.

✿ 재귀대명사 = 행동이 "자신에게 되돌아오는" 대명사

주격	재귀대명사
I	myself
you (단수)	yourself
you (복수)	yourselves
she	herself
he	himself
it	itself
we	ourselves
they	themselves

용법	설명	예문
재귀 용법 (생략X)	주어와 목적어가 동일	She hurt herself while cooking.
강조 용법 (생략O)	주어나 목적어를 강조할 때	I did it myself.
관용적 표현	특정한 의미로 굳어진 표현	

Help yourself to some food. (음식을 마음껏 드세요.)
Make yourself at home. (편하게 계세요.)
Enjoy yourself! (즐겁게 보내세요!)

재귀용법 or 강조용법?

I hurt myself. → myself가 빠지면 누가 다쳤는지 알 수 없는 문장주어

I = 목적어 myself

I did it myself. → myself가 빠져도 그것을 내가 한것을 알 수 있음.

그냥 '진짜'내가 했어. 라고 강조하기위해 myself를 추가. 삭제해도 상관없음.

주어 = I / 목적어 = it (주어와 목적어가 다름)

→ myself는 강조일 뿐 목적어가 아님

✿ 지시대명사 = 거리에 따라 사물이나 사람을 가리킬 때 쓰는 대명사

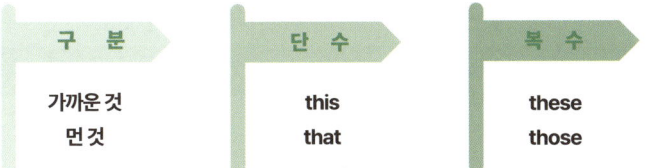

구 분	단 수	복 수
가까운 것	this	these
먼 것	that	those

✿ 비인칭주어 it

**"누가?"가 없는데도 문장을 만들고 싶을 때,
그냥 "it"을 넣어서 주어 자리를 채워주는 것!**

언제 쓰일까요?	예 문
날씨 / 계절 날씨, 계절, 온도를 표현할 때	It is raining outside. It is spring now.
시간 / 요일 / 날짜 시간, 특정 요일이나 날짜를 나타낼 때 사용	It is 10 p.m. now. It is Monday today.
거리 가깝고 먼 정도	It is 5 km to the beach from here. How far is it from here?
명암 밝고 어두운 정도	It is dark in here. It's too bright to sleep.

✿ 가주어 it : 영어는 주어가 짧고 동사가 빨리 나오는 걸 좋아해서 가짜주어 it을 사용

진짜 주어 자리에 it을 먼저 쓰고 진짜 주어(긴 것)는 문장 뒤로
가짜 주어 = it   진짜 주어 = to부정사 / 동명사 / that절 등

종 류	예 문
진짜 주어는 **to부정사**	<u>To study every day</u> is important. 문법은 맞지만 앞이 너무 길어요. → It is important <u>to study every day</u>.
진짜 주어는 **that절**	<u>That he is lying</u> is clear. → It's clear <u>that he is lying</u>.

❋ 부정대명사 "one" vs. "it" 차이 정리

구 분	one	it
의 미	같은 종류의 "하나"를 가리킴	특정한 "하나"를 가리킴
사용법	종류만 같은 다른 물건	앞에 언급된 그 물건
복수형	ones (복수 가능)	단수만 가능
관사 사용	the one (가능)	the it (불가능)
예 문	I lost my pen. I need a new one.	I lost my pen. I need it.

❋ "some" vs. "any" 비교

구 분	some	any
의 미	"몇몇, 약간의" (긍정적 의미)	"어떤, 아무" (부정적 또는 일반적 유/무 의미)
긍정문	I have some books.	✗
부정문	✗	I don't have any books. (나는 책이 하나도 없다.)
의문문	Would you like some tea? (차 좀 드릴래요?) → 요청, 권유	Do you have any tea? (차가 있나요?) → 일반적인 질문
조건 If	If you need some help, let me know.	If you have any questions, ask me.

🌸 "all", "both", "each" 비교

구 분	all	both	each
의 미	"모두" (3개 이상)	"둘 다"	"각각"
대상 수	3개 이상	2개	2개 이상
동사 형태	복수, 단수 동사	복수 동사	단수 동사
한정사 사용	all +(of) 명사	both + (of) + 복수명사	each + 단수 명사 each + of + 복수명사
예 문	All students **are** happy. All information **is** not ture.	Both books **are** interesting.	Each student **has** a book.

🌸 "Every-", "All - ", 비교

Every –	All –
하나하나 개별적으로 생각	"전부 다"
뒤에 항상 단수 명사	뒤에 복수 명사(셀수O) or 단수명사(셀수 X)
Every student has a pencil. **→ 학생 각각 연필이 있어요.**	All students have pencils. → 학생들 모두 연필이 있어요.

부분부정 : 문장에서 "전부는 아니야"라고 말하고 싶을 때

not을 every, all, both 앞에 붙이면 돼요!

Not every student passed the test.
→ 모든 학생이 시험을 통과한 건 아니야.(일부만 통과)

Not all birds can fly.
→ 모든 새가 날 수 있는 건 아니야.

Not both answers are correct.
→ 두 개 다 맞는 건 아니야.

✿ "one", "another", "the other(s)" 비교

구 분	one	another	the other	the others
의 미	여러개 중 보통 처음 언급	또 다른 하나 (추가적인 하나)	마지막 한 개	나머지 전부
단수/복수	단 수	단 수	단 수	복 수

✓ 사용 예문

Can you show me **another** color? (남은 컬러들 중 하나)

I have three pens. **One** is blue, **another** is red, and **the other** is black.

I have five cookies. **One** is for you. **The others** are for my friends.

✿ There is/are : "~이 있어요 / ~들이 있어요" 라고 말할 때

현재형 (과거형)	예 문
There is (was) + 단수 명사	There is a book on the table. There was a book on the table.
There are (were) + 복수 명사	There are many books on the shelf. There were many books on the shelf.

be동사
- 주어의 상태, 존재, 성질 설명
- am, is, are / was, were
- 의미 : 이다, 있다
- 목적어 없어도 문장완성
- I am a student.

일반동사
- 동작/행동/상태를 나타냄
- go, eat, study, like 등
- 의미 : ~행동을 하다
- 대부분 목적어 필요
- I study English

✿ be동사의 현재형 & 과거형 변화

주 어	현재형	과거형
I	am	was
You	are	were
He / She / It	is	was
We / You / They	are	were

✓ be동사의 의문문

be동사 주어 자리를 바꾸면 의문문이 됩니다. (be동사+ 주어 .. ?)

You are happy. → Are you happy?

He is a teacher. → Is he a teacher?

💡 **의문사와 함께 쓸때는 반드시 의문사 맨 앞**
(의문사 + b e 동사 + 주어?)

Why are they here? / Is she your sister?

✓ 일반동사의 현재시제 용법

현재의 습관, 일반적인 사실, 반복적인 행동, 일정 등을 표현할 때 사용

🌸 일반동사의 현재형 변화

주　어	동사 형태	예　문
I / You / We / They	동사 원형	I play soccer.
He / She / It	동사 + s/es	She plays soccer.

💡 3인칭 단수(he/she/it) 현재형 동사 변화 규칙

변화 규칙	
일반 동사 + s	→ plays, eats, buys
-s, -sh, -ch, -x, -o → es	→ watches, goes, fixes
자음 + y → ies	→ studies, tries, flies
모음 + y → s	→ plays, says
부정문 (doesn't + 동사 원형)	→ He doesn't play soccer.
의문문 (Does + 주어 + 동사 원형?)	→ Does she play soccer?

🌸 일반동사의 과거형, 부정문, 의문문 정리

구　분	과거형	부정문	의문문
규칙동사	동사 + ed	did not (didn't) + 동사 원형	Did + 주어 + 동사 원형?
불규칙동사	불규칙 변화		

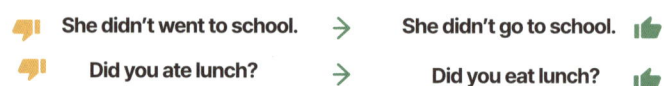

👎 She didn't went to school. → She didn't go to school. 👍

👎 Did you ate lunch? → Did you eat lunch? 👍

✿ 부가의문문 : 문장 끝에 "~맞지?", "~그렇지?"처럼 확인 또는 되묻는 질문

긍정문 + **부정 태그**

He **is** a student,	**isn't** he?
You **are** a student,	**aren't** you?
You **can** drive,	**can't** you?
He **will** come,	**won't** he?
They **would** help,	**wouldn't** they?

부정문 + **긍정 태그**

She **isn't** busy,	**is** she?
They **weren't** late,	**were** they?
You **can't** swim,	**can** you?
We **shouldn't** wait,	**should** we?
He **won't** listen,	**will** he?

✿ 간접의문문 : 질문을 직접 묻지 않고, 다른 문장 안에 질문

직접의문문	간접의문문
What is your name?	1. 의문사가 있는 경우 → 의 + 주 + 동 Can you tell me **what** your name is?
Does she like music?	2. 의문사 없는 경우 (예/아니요 질문) → if/whether + 주 + 동 I don't know if she likes music.

✿ 감탄문 : 놀람, 감동, 기쁨, 분노 등 감정을 강하게 표현할 때

종 류	예 문
What + 형용사 + 명사 + (주어 + 동사) !	What **a** beautiful **day** it is! What big eyes you have!
How + 형용사/부사 + (주어 + 동사) !	How nice she is!

✿ 현재진행형 & 과거진행형 비교

구 분	현재진행형	과거진행형
의미	지금 ~중이다	(과거의 특정 시점)~ 중 이었다
형태	be (am/is/are) + 동사-ing	be (was/were) + 동사-ing
긍정문	She is reading a book.	She was reading a book when I called her
부정문	She is not reading a book.	She was not reading a book.
의문문	Is she reading a book?	Was she reading a book?

✿ 미래시제: "will" vs. "be going to" 비교

구 분	will	be going to
의 미	즉흥적인 결정, 예측, 약속, 제안	계획된 미래, 근거가 있는 예측
형 태	will + 동사 원형	be (am/is/are) + going to + 동사 원형
의미차이1	즉석에서 말할 때 I will help you.	약속이나 계획된 일정 I'm going to meet my friend tonight.
의미차이2	단순 추측 It will rain tomorrow.	근거 있는 예측 Look at the clouds! It's going to rain.

✿ 조동사 = 보조동사 동사의 helper ! 반드시 동사 앞 위치

will	can	may	must	had better	should	ought to	used to
미래 ~할 것이다	능력 ~할수 있다	추측 ~일지 모른다	강한 추측 ~임에 틀림없다	능력 ~하는게 낫다	충고 ~해야 한다	~해야 한다 (should 과 비슷)	(과거에) ~하곤 했다
요청 ~해 줄래요?	허가 ~해도된다	허가 ~해도 된다	의무 ~해야한다				

13

조동사 특징

✓ 항상 동사원형과 함께 사용
I can go. (O)   I can goes. (X)
✓ 부정문 : 조동사+ not
He cannot swim.
✓ 의문문 : 조동사+ 주어+동사?
She can drive. → Can she drive?

❁ "may"와 "must"의 쓰임 정리

조동사	쓰 임
may	1. 가능성 (~일지도 모른다) → It may rain tomorrow. 2. 허가 (~해도 된다) → You may leave now. 3. 정중한 요청 (~해도 될까요?) → May I ask you a question?
must =have to	1. 강한 의무 (~해야 한다) → You must wear a seatbelt. 2. 강한 확신 (~임에 틀림없다) → She must be tired.
should	충고 (~하는 것이 좋다) → You should eat more vegetables.

❁ "must not" vs. "don't have to" 차이 정리

must not

강한 금지 (절대 해서는 안 된다)
You must not shout in the library.
(도서관에서 소리 지르면 안 돼.)

don't have to

의무 없음 (꼭 할 필요는 없다)
You don't have to study today.
(오늘 공부 할 필요 없어.)

💡 주목!

조동사 + **have + p.p** → 과거에 대한 추측, 후회, 비판을 말할 때

You must have been tired. 너 정말 피곤했었겠다. (과거에 대한 확신)

I should have called you. 너에게 전화했어야 했는데... (과거에 대한 후회)

He can't have said that. 그가 그런 말을 했을 리가 없어. (부정 확신)

She may have missed the bus. (이미) 버스를 놓쳤을지도 몰라. (과거 추측)

You could have won. 너는 이길 수도 있었어.

I would have helped you if I knew. 내가 알았었다면, 도와줬을 거야.

✿ 조동사 + 동사원형 vs 조동사 + have + p.p

조동사 + 동사원형	조동사 + have + p.p
지금 또는 미래에 대한 말	과거에 있었던 일에 대한 추측/후회 오직 과거에 대한 이야기
You should study. 너는 공부해야 해.(현재나 미래에 대한 말)	You should have studied. 너는 공부했어야 했어. (후회)
He may come to Korea. 그는 한국에 올지도 몰라.	He may have come to Korea. 그는 한국에 이미 왔을지도 몰라.

✿ 형용사 : 명사 수식

형용사의 역할	설 명	예 문
명사 수식 (한정적 용법)	명사의 앞에서 수식 어떤 명사인지 설명	She has a beautiful dress.
주어 보충 설명 (서술적 용법)	주격보어로 사용 주어의 상태나 성질을 설명	The tree is tall.
목적어 보충 설명 (서술적 용법)	목적격보어로 사용 목적어의 상태를 설명	She made me happy.

✿ 부사 : 명사 외의 것을 수식

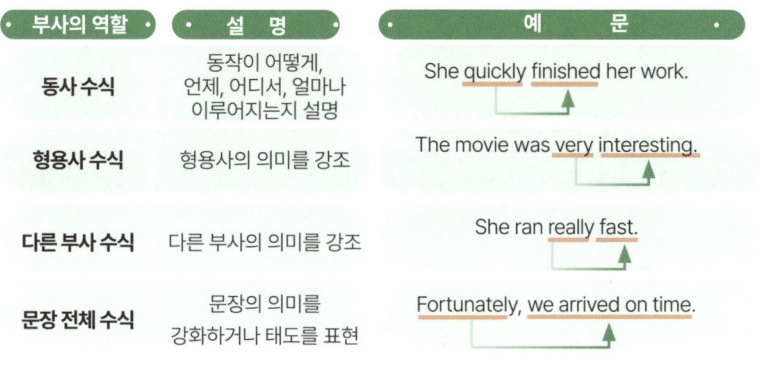

부사의 역할	설 명	예 문
동사 수식	동작이 어떻게, 언제, 어디서, 얼마나 이루어지는지 설명	She quickly finished her work.
형용사 수식	형용사의 의미를 강조	The movie was very interesting.
다른 부사 수식	다른 부사의 의미를 강조	She ran really fast.
문장 전체 수식	문장의 의미를 강화하거나 태도를 표현	Fortunately, we arrived on time.

💡 부사의 형태

A-ly로 끝나는 부사
대부분의 부사는 형용사 + -ly 형태
quickly, carefully, loudly
She sings beautifully.

형용사와 같은 형태의 부사
일부 부사는 형용사와 동일한 형태
hard, high, late, right
He runs fast.

❋ "How" + 형용사/부사 확장 표현

의문사 표현	의미	예 문
How much	얼마 (가격)	How much is this bag?
How many	얼마나 많은 (개수)	How many books do you have?
How old	몇 살	How old are you?
How far	얼마나 먼 거리	How far is your school?
How long	얼마나 오래	How long will you stay here?
How often	얼마나 자주	How often do you exercise?

❋ "many, much, a few, few, a little, little" 정리

구 분	사용 대상	의 미	예 문
many	셀 수 있는 명사 (복수)	많은 (수)	There are many books in the library. (도서관에 많은 책이 있다.)
much	셀 수 없는 명사 (단수)	많은 (양)	I don't have much time. (나는 시간이 많지 않다.)
a few	셀 수 있는 명사 (복수)	약간의 (긍정적)	I have a few friends. (나는 친구가 몇 명 있다.)
few		거의 없는 (부정적)	He has few friends. (그는 친구가 거의 없다.)
a little	셀 수 없는 명사 (단수)	약간의 (긍정적)	There is a little milk in the fridge. (냉장고에 우유가 조금 있다.)
little		거의 없는 (부정적)	I have little money. (나는 돈이 거의 없다.)

✿ 빈도부사 : 얼마나 자주 어떤 행동을 하는지를 나타내는 말
위치 : 일반동사 앞, be동사 & 조동사 뒤에 위치

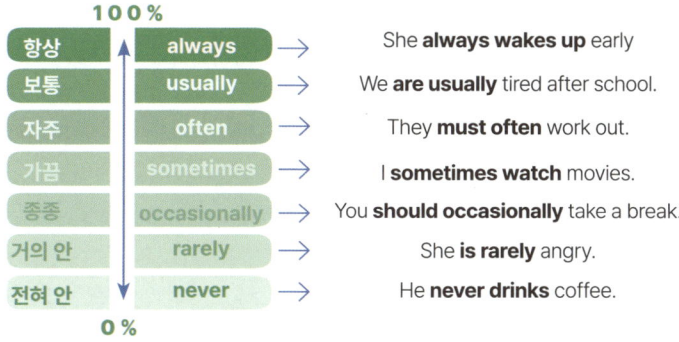

항상	always	→	She **always wakes up** early
보통	usually	→	We **are usually** tired after school.
자주	often	→	They **must often** work out.
가끔	sometimes	→	I **sometimes watch** movies.
종종	occasionally	→	You **should occasionally** take a break.
거의 안	rarely	→	She **is rarely** angry.
전혀 안	never	→	He **never drinks** coffee.

✿ "too"와 "either"의 쓰임 차이

too	either
긍정문에 동의할 때	부정문에 동의할 때
I like pizza. → Me too! / I like pizza, too. 나도 피자 좋아해!	I didn't study hard. → Me neither! / I didn't study hard, either. 나도 공부 열심히 안했어!

타동사 + 부사 표현 :
어떤 동사는 혼자만으로는 뜻이 약해서,
뒤에 부사를 붙여야 완전한 뜻이 돼요!

예를 들어: turn = 돌리다 (무슨 걸? 어디로?)

→ turn off = 끄다   → turn on = 켜다

목적어가 명사일 때	목적어가 대명사일 때
부사 앞이든 뒤든 자유롭게	반드시 중간에!
Turn off the TV. Turn the TV off.	Turn **it** off.

✿ 비교급 : 비교대상의 차이를 말할 때
최상급 : 비교 후 '가장 ~ 한 것'을 말할 때

구 분	비교급 (-er / more)	최상급 (-est / most)
짧은 단어 (1~2음절)	short → shorter She is shorter than her sister.	short → shortest She is the shortest in the class.
긴 단어 (3음절 이상)	important → more important This rule is more important than that one.	important → most important This is the most important rule.
불규칙 변화	good → better This restaurant is better than that one.	good → best This is the best restaurant in town.
	bad → worse Today is worse than yesterday.	bad → worst This is the worst day ever.
	far → farther(거리) / further(정도) The store is farther than I thought.	far → farthest / furthest This is the farthest place I have ever traveled.

✿ 원급 비교 (as + 형용사/부사 + as) 정리

구 분	설 명	예 문
(not) as + 형용사 + as	같은 정도를 비교할 때	She is (not) as tall as her brother.
(not) as + 부사 + as	행동이 같은 정도로 일어날 때	She doesn't work as hard as he does.

✿ 원급 비교 확장 표현

표현	설명	예문
as many as + 복수 명사	(숫자가) ~만큼 많은	There were as many as 100 people at the party.
as much as + 셀 수 없는 명사	(양이) ~만큼 많은	Drink as much water as you can.
as soon as	~하자마자	Call me as soon as you arrive.
as long as	~하는 한	You can stay as long as you like.
as far as	~하는 한 (거리·범위)	As far as I know, he is honest.

less + 형용사 + than : 더 적다는 걸 표현

A is less + 형용사 + than B. → A는 B보다 덜 ~하다

I am less tired today than yesterday.
→ 나는 오늘 어제보다 덜 피곤해.

This bag is less expensive than that one.
→ 이 가방이 저것보다 덜 비싸.

비교급 강조: 진짜 훨씬 더~해!"라고 강조하듯

자주 쓰는 강조 표현들 : much, a lot, far, even, a little, still

💡 주목! 절대 very는 사용불가

This pizza is <u>a lot</u> better than that one.
He is <u>a little</u> faster than me.
She is <u>much</u> taller than me.

✿ 문장 형식 (Sentence Structures) 1형식~5형식 정리

1형식 : 주어 + 동사	The sun rises.
2형식 : 주어 + 동사 + 주격보어(주어를 보충설명)	He is a teacher.
3형식 : 주어 + 동사 + 목적어	She reads a book.
4형식 : 주어 + 동사 + 간목(사람) + 직목(사물)	He gave me a gift.
5형식 : 주어 + 동사 + 목적어 + 목적격보어(목적어를 보충설명)	He let me use his phone.

형식은 문장의 뼈대!

'누가 + 무슨 행동을 하다'까지만 → 1형식

Birds fly. 새가 날아 → 1형식

Birds fly fast. 새가 빨리 날아 → 이것도 1형식

fast는 여기서 부사예요.

→ "날다"라는 동작을 더 자세히 설명하는 말이에요.

동사인 fly를 꾸며주는 거지, 문장의 뼈대에는 영향을 안 줘요!

2형식 : 주격보어란? 이름 뜻 풀이부터!

주격 = 주어와 관련된 /   보어 = 보충 설명해주는 말

→주어가 어떤 사람인지, 어떤 상태인지 설명해 주는 말

The sky looks blue.

주격보어: blue (주어 The sky 의 상태를 설명)

She is a teacher.

주격보어: a teacher (주어 She가 누구인지 설명)

3형식

'주어 + 동사' 뒤에 동사의 행동을 '받는 대상, 목적어가 들어감

"누구를?" 좋아해?   I like <u>BND</u>.

"무엇을?" 먹어?   I eat <u>bread</u>.

4형식 : 간목? 직목?

직접 목적어 (직목) → 무엇을? 주로 받는 물건

간접 목적어 (간목) → 누구에게? 받는 사람

Mom gave me a gift.

me → 간접 목적어 (누구에게? = 나에게)

a gift → 직접 목적어 (무엇을? = 선물)

4형식 : 목적격 보어란?

목적격 = 목적어에 대한 말   /   보어 = 보충 설명하는

→ 목적어가 어떤 상태인지 보충 설명하는 말

We call him a genius.

목적어 '그' = '천재'

✿ 4형식(SVOO) → 3형식(SVO) 전환 시 전치사 "to, for, of" 정리

4형식 주어 + 동사 + 간목 + 직목 → 주어 + 동사 + 직목 + [전치사] + 간목 **3형식**

전치사	의미 & 용법	4형식 (SVOO)	3형식 (SVO + 전치사구)
to	'이동, 전달'의미	He gave me a book.	He gave a book to me.
	보여주거나 알려줄 때	She showed us her pictures.	She showed her pictures to us.
for	누군가를 위해 어떤 행동을 할 때	I bought her a gift.	I bought a gift for her.
	만들거나, 구할 때	He made me a cake.	He made a cake for me.
of	어떤 정보를 요청	I asked him a question.	I asked a question of him.

✿ 동명사 : 동사가 명사로 변신하기 위해 -ing 붙여서 명사처럼 사용

구 분	설 명	예 문
주어 역할	문장에서 주어로 사용됨	Reading books is important. (책 읽는 것은 중요하다.)
목적어 역할	동사의 목적어로 사용됨	I enjoy playing soccer. (나는 축구하는 것을 즐긴다.)
전치사의 목적어	전치사 뒤에 오는 명사 역할	She is good **at** drawing. (그녀는 그리는 것을 잘한다.)
보어 역할	주격보어로 사용됨	His hobby is collecting stamps. (his hobby = collecting stamps)

✿ 동명사 vs to부정사 : 동사가 명사로 변신하는 방법 두 가지 ing & to 동사

구 분	동명사 (-ing)	to부정사 (to + 동사 원형)
의미 차이	단순 경험, 일반적인 행동	앞으로 할 일 / 미래적
주어 역할	Swimming is fun.	To swim is fun.
목적어 역할	I enjoy swimming.	I promise to finish the work.
보어 역할	His hobby is collecting stamps.	His goal is to win the game.
전치사 뒤	She is good at drawing.	to부정사는 전치사 뒤 사용 X
사용 동사	enjoy, finish, avoid, consider, deny, suggest, practice, admit, give up	want, hope, decide, plan, need, promise, refuse, expect

❖ to부정사와 -ing 둘 다 목적어로 쓸 수 있는 동사(의미 차이 ✕)

like, love, hate, begin, start, continue

I like to read.   I like reading.
She loves to sing.   She loves singing.
He hates to wait.   He hates waiting.
They began to talk.   They began talking.

❖ to부정사와 -ing 둘 다 목적어로 쓸 수 있는 동사(BUT 의미 차이O)

동사	동명사 (-ing) 과거 경험, 일반적 행동	to부정사 (to + 동사 원형) 미래 지향적, 특정 목적
stop	He stopped talking → 계속 말하다가 멈춤	I stopped to say "hi" to my neighbor. → 길 가다가 인사 하기 위해멈춤
remember	I remember buying milk. → 우유 샀다는 것을 기억. 샀음	I remember to buy milk . → 우유 사야 할 것을 기억. 아직 안 샀음
forget	I forgot locking the door. → 잠궜는데, 그 행동 한 것을 잊음	I forgot to lock the door. → 잠궈야 할 것을 잊음. 아직 안 잠금
regret	I regre saying that. (나는 그것을 말한 것을 후회해.) → 과거 행동 후회	I regret to inform you this. (이 말을 하게 되어 유감입니다.) → 공식적 표현 "~하게되어 유감"
try	Try solving this problem. (이 문제를 해결하려고 시도해 봐.) → 어떤 방법을 시험해 봄	She is trying to learn Korean. (그녀는 한국어를 배우려고 노력하고 있어.) → ~을 노력하다

✿ 완료동명사: 과거에 이미 일어난 일을 표현 할 때, 그 행동이 과거라는 것을 having p.p 구조로 사용

 대과거

 과거

had lied : 먼저 거짓말을 한 뒤,   apologized : 사과했다

완료동명사 예문

She apologized for having lied.

I regret having wasted so much time.
→ 그렇게 많은 시간을 낭비한 것을 후회한다.

He was proud of having won the competition.
→ 대회에서 이긴 것을 자랑스러워했다.

✿ 동명사 + 수동태 = being + p.p

동명사	동명사의 수동태
행동을 "하는 것"	그 행동을 "받는 것" 자체를 "명사처럼" 말하고 싶을 때
Helping people is important. → 사람들을 돕는 것은 중요해. Treating others with kindness is very important. → 다른 사람을 친절하게 대하는 것은 매우 중요해	Being helped makes me feel good. → 도움을 받는 것은 기분을 좋게 해. Being treated well can change someone's attitude. → 좋은 대우를 받는 것은 누군가의 태도를 바꿀 수 있어

✿ to부정사 : "to + 동사원형" 형태 동사의 의미를 넘어 사용의미가 확장

구 분	설 명	예 문
명사적 용법	동사를 명사처럼 바꿔주는 마법의 to. 보통 '~것' 으로 해석	To study English is important. → 주어 I want to go home. → 목적어 My goal is to win. → 보어
형용사적 용법	앞에 놓인 명사가 어떤 명사인지 화장하듯 꾸며줌. "~할, ~하는" 명사	I have a lot of work to do. She is looking for a book to read.

✿ to부정사의 부사적 용법 : 이미 문장이 완성되었지만 밋밋한 문장을 '왜? 어떻게? 뭐 하려고?' 등을 to 동사로 표현확장

부사적 용법	예 문
목적 "~하기 위해서"	She studies hard to pass the exam. (그녀는 시험에 합격하기 위해 열심히 공부한다.)
감정의 원인 "~해서, ~하기 때문에"	I am happy to meet you. (나는 너를 만나서 기쁘다.)
결과 "~해서 ~하다"	He grew up to be a doctor. (그는 자라서 의사가 되었다.)
앞 형용사 수식 "~하기에 ~하다"	The question is hard to anwer. (그 문제는 대답하기 어려워.)
판단의 근거 "~하다니 "	He was foolish to believe that. (그는 그것을 믿다니 어리석었다.)

✿ It is 형용사 for/of 목적격 to 동사

	사용하는 형용사	예 문	쓰 임
for	important, necessary, difficult, easy, possible, impossible	It is necessary for you to exercise. (네가 운동하는 것이 필요하다.)	일반적인 상황설명
of	kind, nice, smart, foolish, wise, brave, careless	It is foolish of you to waste money (네가 돈을 낭비하다니 어리석다.)	사람의 성격·태도

✿ to부정사의 수동태 to be + 과거분사 (p.p) : ~되기 위해, ~되어야 할

구분	to부정사 능동	to부정사의 수동
형태	to 동사원형	to be + 과거분사 (p.p)
의미	"~위해", "~ 할" 행동이 능동적으로 이루어짐	"~되어지기 위해", "~되어야 할" 행동이 수동적으로 이루어짐
언제 사용?	I have a house to paint. 내가 칠할 집이 있다. 내가 하는 행위 → 능동	I have a house to be painted. 칠해져야 할 집이 있다. 집이 칠해지는 대상 → 수동

✿ 완료형 부정사 : 이미 끝난 일이나 앞서 일어난 일을 말할 때

구 분	예 문
to have p.p (능동)	She seems **to have forgotten** my name. → 그녀는 내 이름을 잊은 것처럼 보인다. (잊은 건 seem보다 먼저 일어난 과거의 일)
to have been p.p (수동)	The window seems **to have been broken**. → 창문이 이미 깨진 것처럼 보인다. (깨진 건 수동이고 seem보다 먼저 일어난 과거의 일)

✿ "too ~ to", "enough to", "so ~ that" (can/could, can't/couldn't)

구분	too ~ 형/부 to = so + 형/부 + that + 주어 + can't/couldn't	형/부 enough to so + 형/부 + that + 주어 + can/could
의미	너무 ~해서 ...할 수 없다	~할 만큼 충분히 ~하다
예문	The bag is too heavy to carry. =The bag **is** so heavy that I **can't** carry it. She spoke too fast to understand. =She **spoke** so fast that I **couldn't** understand her.	They are smart enough to solve the problem. =They **are** so smart that they **can** solve the problem. He was old enough to drive. =He **was** so old that he **could** drive.

✿ 사역동사 : 누군가에게 어떤 행동을 하게 하는 동사

사역동사	구 조	예 문
let, make, have	let / make / have + 사람 + 동.원	Mom let me play games. Teacher made me do my homework. Dad had me clean my room.
help	help + 사람 + (to) 동.원	She helped me (to) do my homework.
get	get + 사람 + to 부정사	I got my brother to help me.

💬 지각동사 : 지각동사는 무언가를 보고, 듣고, 느껴서 알게 되는 것

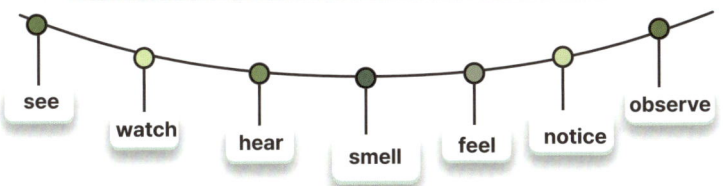

see watch hear smell feel notice observe

✿ 지각동사 사용시 목적격보어 형태

구 분	구 조	예 문
목적어가 행동을 능동 (스스로)할 때	지각동사 + 목적어 + 동사원형	I saw him **enter** the room. (him 은 enter 스스로 행동)
동작이 진행 중(~ing형)	지각동사 + 목적어 + 동 ing	I saw him **entering** the room. (him이 enter하는 행동 중.)
목적어가 수동 (~되어지는)경우	지각동사 + 목적어 + (p.p)	I noticed the car **repaired**. (the car는 repair되어지는 것)

✿ 동명사 vs. 현재분사 : 쌍둥이처럼 똑같이 생긴 ing라도 하는 일이 달라요!

동명사 (-ing)	현재분사 (-ing)
명사처럼 보일려고 ing붙였어.	형용사처럼 명사를 꾸밀려고 ing 붙였어.
'~하는 것'으로 해석되면 동사가 명사로 변신	'~하는' '~중인' 형용사로 할 수 없는 명사의 행동을 꾸며줘
Sleeping is important.	The sleeping baby is cute.
주의 : 어떤 용도'인지 알려줄 때 동명사에 속함 sleeping bag → 자는 가방x 침낭 swimming pool → 수영장	sleeping baby → "자는 중인" 아기

✿ 감정 관련 현재분사 vs. 과거분사 비교

~ing: 감정을 만드는 그 자체!	p.p : 감정을 느끼는 쪽!
The story is interesting. 이 이야기는 흥미로워	I am interested in the story. 나는 그 이야기를 흥미를 느껴!
The movie was boring. 그 영화는 노잼그 자체	I was bored. 나 심심해

✿ 현재분사 & 과거분사 위치

명사 앞에서 수식	명사 뒤에서 수식
한 단어일 때	설명이 길 때
A <u>**sleeping**</u> baby is so cute.	The boy <u>**sitting on the bench**</u> is my friend. → 벤치에 앉아 있는 그 소년은 내 친구야.

✿ 분사구문: 긴 문장을 → 짧게 줄여주는 마법 공식!

Step-by-Step	만드는 방법
1. 문장 속 부사절 (접속사 + 주어 + 동사) 찾기	When I opened the door, I saw the cat.
2. 주어가 같으면 접속사 옆 주어 삭제	When opened the door, I saw the cat.
3. 접속사 삭제	opened the door, I saw the cat.
4. 동사가 능동 → 동ing 동사가 수동 → (being) p.p	Opening the door, I saw the cat.
완성된 분사구문	Opening the door, I saw the cat.
중요한 포인트	When opening the door, I saw the cat. 접속사의 의미는 강조하고 싶을때, 접속사 남겨두기도 함

💡 가장 중요한 규칙!

✓ 주어 일치할 때만 생략 가능, **주어 다르면 그대로** 써야 함
When **I** entered the room, **the lights** turned on.

✓ 부사절에 **had p.p** 이면 → having + p.p
After he **had finished** his homework, he went out.
→ **Having finished** his homework, he went out.

✿ 분사구문의 다양한 접속사

접속사 분류	접속사	예 문
시간	when, while, after, before, as soon as	When I opened the door, I saw a cat. → Opening the door, I saw a cat.
이유	because, since, as	Because he was tired, he went to bed early. → (Being) tired, he went to bed early.
조건	if, unless	If you study hard, you will pass the test. → Studying hard, you will pass the test.
양보	although, even though	If he was tired, he kept working. → (Being) tired, he kept working.
동시동작	while, as	While she was walking home, she listened. → Walking home, she listened to music.

📢 분사구문 p.p 예문

After he was born in Korea, he moved to Canada later.
→ (Being) born in Korea, he moved to Canada later.

📢 분사구문 부정문

Not / Never + -ing / p.p / having p.p
Not knowing what to do, she stayed silent.

📢 with + 명사 + 현재분사(ing) → 앞 명사가 ~하고 있는 중

With the baby crying, she couldn't sleep.

📢 with + 명사 + 과거분사(p.p) → 앞 명사가 ~되어진 상태

With the door locked, we couldn't get in.

✿ "during" vs. "for" : '~동안'이라는 의미로 해석은 똑같지만, 쓰임이 다름

during + 특정 기간(명사)	for + 시간의 양
It rained during the night.	It rained for three hours.
I visited my grandma during summer vacation.	I studied for two hours.

(예문)

✿ "by" vs. "until" 정리

	by	until
의미	그때까지 "완료"됨 (한 번 발생) "언제까지?" 끝나는 것	그때까지 "계속"됨 (지속됨) "얼마나 오래?" 지속되는 것
예문	I will finish my homework by 10. 10시에 딱 끝이 나는 행동 You must submit it by friday. 금요일에 제출(완료)	I will stay here until 10 p.m. 10시까지 계속 stay가 지속 She waited until he arrived. 그가 올 때까지 wait 계속 지속

✿ 명령문 : 누군가에게 지시하거나 권유. 주어 생략

구 분	구 조	예 문
일반	주어 (you) 생략 + 동사 원형	Open the door.
부정	Don't + 동사 원형	Don't touch it.
제안/권유	Let's + 동사 원형	Let's go together.

명령문, and	명령문, or
앞의 명령을 따르면, 뒤의 좋은 결과가 따라옴	명령을 따르지 않으면, 뒤의 안 좋은 결과가 생김
Study hard, and you will pass the test.	Hurry up, or you'll miss the bus.

수동태 기본 be + p.p : 누가 ~를 당하다 / ~되어지다 라고 말하는 문장

시제에 따른 수동태

시제	수동태 구조	예문
현재시제	am / is / are + p.p	The book is written by a famous writer.
과거시제	was / were + p.p	The book was written by a famous writer.
미래시제	will + be + p.p	The book will be written by a famous writer.
현재진행형	am / is / are + being + p.p	Dinner is being cooked now.
과거진행형	was / were + being + p.p	Dinner was being cooked at that moment.
현재완료	have / has + been + p.p	The room has been cleaned.
과거완료	had + been + p.p	The room had been cleaned before we came.
미래완료	will + have + been + p.p	The room will have been cleaned before 12.

수동태를 쓸 수 없는 동사들

seem, appear, disapper, happen, occur, exist, resemble, 등
The bag was disappeared. (X) → The bag disappeared. (O)

그럼 의문문은 어떻게 해요?

의문문은 "be 동사"를 먼저 앞으로!

기억해요!

be동사(Am, Is, Are, Was, Were)가 있으면,

주어랑 be동사 자리만 바꾸면 돼요!

The song **was** sung by Tom.

→ **Was** the song sung by Tom?

현재완료란?

과거의 어느 시점에서 일어났던 일이 지금까지 영향을 미침

have/has + p.p

✿ 현재완료 용법별 주요 표현

용법	특징	예문
경험	ever, never, before, once, twice	Have you ever seen this movie? I have never eaten sushi.
계속	since, for	I have lived here since 2010. She has worked at this company for five years.
완료	just, already, yet, lately, recently 과 주로 쓰임	He has just left. She hasn't finished yet.
결과	lose, buy, sell, go, come, leave	I have already sold my phone. She hasn't come yet.

✿ 현재완료 주의 사항 정리

주의 사항	예문
1. when 과 함께 사용	I have met him when I was a child. (X) I **met** him when I **was** a child. (O)
2. 특정 과거 시점 yesterday, last week 등 함께 사용 ✗	I have seen her last Monday. (X) I **saw** her **last Monday**. (O)
3. "since + 과거 시점"은 가능하지만 "ago"와는 함께 사용 ✗	I **have lived** here **since 2010**. (O) I have lived here 10 years ago. (X) I **lived** here **10 years ago**. (O)
4. been to vs. gone to been to: 방문 경험 (갔다가 돌아옴) gone to: 떠났고 아직 돌아오지 않음	I have been to Paris. (나는 파리에 가본 적이 있다. → 경험) She has gone to Paris. (그녀는 파리에 가고 아직 돌아오지 않았다.)
5. 현재완료 의문문 have/has를 문장 맨 앞으로!	You have eaten breakfast. → Have you eaten breakfast?

💡 현재완료 vs 과거시제 비교

과거시제

과거에 일어난 일을 말할 때 사용
I visited Japan in 2020.
나는 2020년에 일본을 방문했다.
현재에 영향 없음
과거 동사
She lost her wallet yesterday.
그녀는 어제 지갑을 잃어버렸다.

현재완료

과거에 시작해서 현재까지
I have visited Japan.
나는 일본을 방문한 적이 있다.
(지금까지 살면서 경험)
현재까지도 영향이 있는 상태
현재완료 have/has + p.p.
She has lost her wallet.
과거에 잃어버렸고, 지금도 못 찾음

✼ 현재완료에서 자주 나오는 for vs since 한눈에 정리!

for = 얼마 동안	since = 언제부터
시간의 길이(기간)	어떤 시점을 말할 때
I have studied English for 3 years She has lived here for a long time.	I have studied English since 2020. She has lived here since last year.

반드시 기억할 한 줄 요약

현재완료는 과거 + 지금,

그래서 한 시점 말하는 표현이랑은 안 써요!

(예: when, yesterday, last year, in 2005 등 한 시제는 현제완료와사용 X)

I have seen him yesterday. (틀림!)

--> I saw him yesterday.

💬 과거 완료: 과거 안에도 먼저 한 일이 있어요!
"더 전에 이미 끝난 일"을 말할 때 써요

과거에 일어난 일 2가지 중, 먼저 일어난 일 **had p.p**

예문 1
I had eaten lunch before you came.
네가 '온 것'보다 내가 점심을 '먹은 것'이 더 먼저 일어난과거

예문 2
When I got home, my dad had already left.
내가 집에 '도착'하기전에 아빠가 '떠난것'이 더 먼저 일어난 과거

💬 현재완료진행 : have/has + been + ~ing

과거에 시작해서 지금까지
계속 해 온 행동을 말할 때

과거 ——————————————— 현재
1 p.m

예문
I have been studying English since 1 p.m
오후1시(과거)에 공부를 시작해서 지금도 계속 하는 중

✿ 현재진행 vs 현재완료진행

현재진행: 딱 지금 이 순간!	현재완료진행: 지금까지 쭉~ 해오는 중!
am/is/are + ~ing	have/has been + ~ing
지금 이 순간 행동 강조	지속 시간 강조
I am studying now. → 지금 공부하는 중이에요.	I have been studying for two hours. → 2시간 동안 공부해오고 있어요.
She is running now. → 지금 달리고 있어요.	She has been running since morning. → 아침부터 지금까지 계속 달리고 있어요.

🌼 가정법 if : 사실이 아닌 일을 "만약 ~라면..." 하고 상상해서 말하는 문법

💡 가정법의 핵심 원리

✓ 진짜가 아니니까 반대로 상상하는 것!
현실이 긍정이면 → 가정은 부정   현실이 부정이면 → 가정은 긍정
✓ 시제 원리 : 사실과 다르다는 걸 강조하려고 시제를 한 단계 더 뒤로
현재를 가정할 때 → 과거 시제   과거를 가정할 때 → 대과거(had p.p) 시제

구 분	형태 & 예문
가정법 과거 현재와 반대	If + 주어 + 과거동사, 주어 + would/could/might + 동사원형 If I were you, I would go to the party.
가정법 과거완료 과거 사실과 반대	If + 주어 + had + p.p, 주어 + would/could/might + have + 과거분사 If she had woken up earlier, she wouldn't have missed the bus. 과거의 행동에 대한 후회로 그침 현재 영향 X
혼합 가정법 과거 행동이 **지금까지 영향**	If + 주어 + had + 과거분사, 주어 + would/could/might + 동사원형 now. If he had taken the job, he would live in New York now. 과거에 그 일을 했더라면, 지금 뉴욕에 살고 있을텐데 (과거의 행동이 지금까지 영향을 끼침)

현실 문장을 '만약 ~라면' 문장으로 바꿔요!

As I **don't have** a car, I **can't go** anywhere.
→ If I **had** a car, I **could go** anywhere.

As she **left** early, she **missed** the show.
→If I **had studied**, I **would have passed** the test.

As she **didn't sleep** enough, she **is** tired now.
→If she **had slep**t enough, she **wouldn't be** tired now.

💡 조건 if : 일반적 진실, 미래 특별한 사항을 조건화해서 말할 때

구 분	형 태 & 예 문
일반적 진실	현재시제 사용 : If you heat ice, it melts.
과학사실 등	
미래 상황예측	미래시제 사용: If it rains tomorrow, we will stay home.

조건 if 자리 주의사항

✓ if절에는 보통 will, would를 쓰지 않아요!

If it will rain, we will stay home. (X)

If it rains, we will stay home. (O)

✓ 쉼표 주의!if절이 문장 앞에 오면, 쉼표(,)를 써요.

If you study, you will do well.

if절이 뒤에 오면, 쉼표 안 써도 돼요.

You will do well if you study.

💡 접속사 if : ~인지 아닌지

예문 I wonder if(=whether) it's true.

✓ 뜻은 같지만 꼭 whether만 쓰는 경우!

1. 문장 앞에서 주어처럼 쓸 때

Whether she will win is unknown.**(O)**
If she will win is unknown.**(X)**

2. 전치사 뒤에 올 때

It depends on whether he comes.**(O)**
It depends on if he comes.**(X)**

3. to부정사 앞에 쓸 때

I don't know whether to go.**(O)**
I don't know if to go.**(X)**

관계대명사란?

✓ 관계대명사는 두 문장을 하나로 만드는 접착제!
영어는 똑같은 단어를 반복하는 걸 싫어해요!
두 문장에 중복되는 단어를 없애고, 대신 관계대명사 연결

선행사(= 앞에 나온 명사) 종류	주격	소유격	목적격
사람	who	whose	who(m)
사물, 동물	which	whose	which
사람, 사물, 동물	that	없음	that
선행사 없을 때	what	없음	what

✿ 관계대명사 문장 만들기!

Step-by-Step	예 문 (두 문장을 한 문장으로!)
1. 두 문장에서 중복되는 것 찾기	① This is **the girl**. ② **She** sings well. → the girl = she 같은 사람
2. 중복 되는 것 중 대명사를 삭제	she를 지우고 who (사람이므로 who or that)
3. 선행사 뒤에 문장 연결	→ This is **the girl**(선행사) **who** sings well.
다른 예 1	① This is **a book**. ② **It** is very interesting. a book = it, 이 중 대명사 it 삭제 → This is **a book which** is very interesting.
다른 예 2	① This is **the car**. ② I bought **it** last month. the car = it, 이 중 대명사 it 삭제 → This is **the car that** I bought last month.

🟢 관계대명사 자리 빠르게 구분하는 방법

관계대명사	판단 기준	예 문
주격 (who, which, that)	관계대명사 뒤에 바로 <u>동사</u>가 오면	The girl **who sings** well is my friend. who 뒤에 sings(동사) → 주격
목적격 (whom, who, which, that)	관계대명사 뒤에 <u>주어</u>가 오면	The girl **whom I** met was very kind. whom 뒤에 I(주어) → 목적격
소유격 (whose)	관계대명사 뒤에 <u>소유되는 명사</u>가 오면	The girl whose father is a doctor is my classmate. whose 뒤에 father (명사) → 소유격

✿ 관계대명사 생략

	생략 가능여부	예문(생략 전)	예문(생략 후)
주격	be + ~ing / p.p 일 때, be동사와 같이 생략	The boy **who is** play**ing** soccer is my friend.	The boy playing soccer is my friend.
목적격	관계대명사 뒤에 주어 + 동사가 올 때	The movie **that I watched** was fun.	The movie I watched was fun.

✿ 관계대명사 "what" 정리

설 명	예 문
"what"은 주어, 주격보어, 목적어 역할 가능 (소유격 불가능)	What she said was true. (주어) That is what I wanted. (주격보어) I don't understand what you mean. (목적어)
유일하게 선행사가 없는 관계대명사 "what"은 선행사를 포함하므로 앞에 명사를 쓰지 않음	What I need is time. (내가 필요한 것은 시간이다.) The thing what I need is time. (X)
what= [the thing(s) which or that]	I know what he wants. = I know the thing which he wants.
관계대명사 "what"은 문장에서 명사 역할 ('~것'으로 주로 해석) 의문사 "what"과 다름!	What he said is important. (관계대명사) (그가 말한 것은 중요하다.) What did he say? (의문문) 그가 무슨 말 했어?

❊ 의문사 who, which, what vs. 관계대명사 who, which, what 비교 정리

구분	의문사 who, which, what (질문: "누구, 어떤, 무엇")	관계대명사 who, which, what (두 문장을 연결)
의미	who = 누구 which = 어떤 것 what = 무엇	who = ~하는 사람 which = ~하는 것 what = ~하는 것 (the thing which)
역할	문장에서 의문을 나타냄 (질문 or 간접의문문)	앞의 명사를 꾸미거나 문장을 연결함
예문	Who is your teacher? Which color do you prefer? What do you want?	The girl who sings well is my friend. This is the book which I bought. I know what he wants.

❊ "that"의 쓰임 (관계대명사, 접속사, 지시어) 정리

구분	관계대명사	접속사	지시형용사/대명사
역할	앞 명사(선행사)를 수식하고 문장을 연결	명사절을 이끌어 문장에서 목적어/보어 역할	특정한 사물, - 사람을 가리킴
의미	"~하는 (사람/사물)"	"~라는 것"	"저것, 그것"
문장 내 위치	앞 명사(선행사) 뒤 + **불완전 문장**	that + **완전한 문장**	that (+ 명사)
예문	The book that I read was interesting.	I know that he is honest.	That book is mine. That is my bag.

✿ 계속적 용법 관계대명사 : 앞에 쉼표(,)가 있고 "추가 설명"

구 분	설 명	예 문
who	사람을 설명할 때	She has a son, **who** speaks Spanish very well.
which	사물을 설명할 때	I bought a new phone, **which** is very expensive.
whose	소유격 (사람/사물)	Tom, **whose** father is a doctor, is my friend.

● 주의!! "that"은 계속적 용법에서 사용 불가!

🗨 관계대명사 총 정리

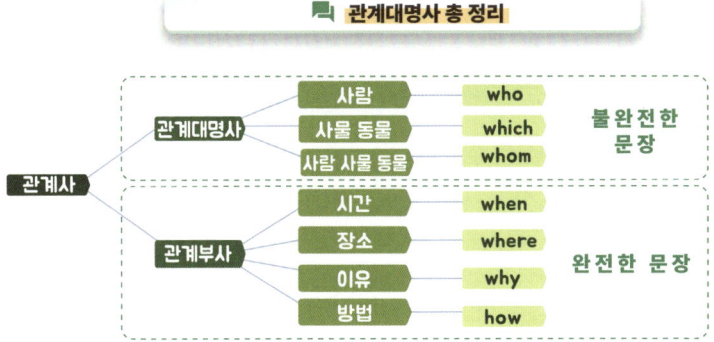

✿ 관계부사 : 명사(선행사)가 장소, 시간, 이유, 방법

선행사	예	관계부사	관계부사 = 전치사 + 관계대명사
장소	the place	where	at/on/in which
시간	the time	when	at/on/in which
이유	the reason	why	for which
방법	the way	how	in which

❖ 관계부사 생략 가능 여부 & 주의할 점

관계부사	의미	대체 가능	예문 (관계부사 사용) & 생략 가능 여부
where	장소	in which, at which	This is **the place where** I was born. "the place"가 선행사면 "where" 생략 가능
when	시간	on which, at which	I remember **the day when** we met. "선행사" 또는 "when" 중 하나 생략 가능
why	이유	for which	That is **the reason why** he left. "the reason" 또는 "why" 중 하나 생략 가능
how	방법	the way in which	I know **how** he solved the problem. "how"와 "the way"는 **반드시 둘 중 하나만 사용**

♥ 관계대명사 vs 관계부사 비교

관계대명사	관계부사
This is <u>**the house**</u>. my father built <u>**it**</u>.	This is <u>**the house**</u>. I was born in <u>**it**</u>.
my father built it. 여기엔 **전치사 없음** → 그래서 관계대명사 which를 사용	I was born in it. 여기엔 **전치사 in**이 있음 → 그래서 **전치사를 포함**하고있는 관계부사 where 또는 in which
This is the house which my father built.	**This is the house where(=in which) I was born.**

❖ 복합관계부사: 관계부사 + ever '무엇이든 ~하는' 뜻으로 쓰임

복합관계부사	의 미	예 문
whenever	어디를 가든지 = no matter when	Whenever you call me, I'll help you. =No matter when you call me, I'll help you.
wherever	어디를 가든지 = no matter where	Wherever you go, I'll follow. =No matter where you go, I'll follow.
however	어떻게 하든지 = no matter how	However you solve the problem, it's okay. =No matter how you solve the problem, it's okay.

One Page Grammar

Self-Check

🌼 명사 = 사람, 사물 등의 여러가지 이름

✓ 가산명사 = 셀 수 있는 명사

종 류	설 명	예 시
보통명사		
집합명사		

✓ 불가산명사 = 셀 수 없는 명사

종 류	설 명	예 시
고유명사		
물질명사		
추상명사		

✓ 명사가 몇 개야?

한개 → _____

여러개 → _____

🌼 a와 an의 쓰임새

관사	사용 조건	예 시
a	[ ] 소리로 시작하는 단어 앞	
an	[ ] 소리( )로 시작하는 단어	

💡**TIP** 단어의 스펠링이 아닌 발음해 보고, 첫 소리가 모음인지 자음인지 확인

🌼 명사 종류 복수형 규칙 예시

명사 종류	예 시
단수형 = 복수형 단수와 복수 형태가 같음	
단수와 복수 형태가 다름	
항상 복수형	

📢 셀 수 있는 명사 vs 셀 수 없는 명사

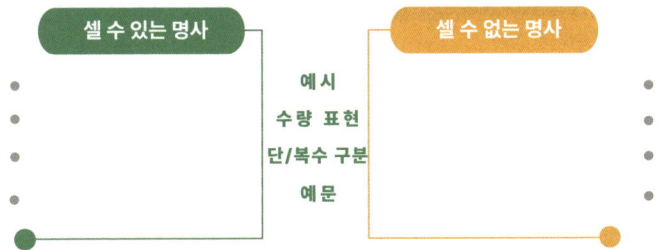

예시	
수량 표현	
단/복수 구분	
예문	

✱ 명사의 소유격: 누구의 것인지 말할 때

명사's	명사 + of + 명사

✱ 하이픈(-)이 들어가는 명사

하이픈(-) 으로 연결된 단어	하이픈(-) 없는 경우
She is a fifteen-year-old girl.	She is fifteen years old.
항상 ( )으로 씀: _____ (O), _____X)	I have studied English since 2020. She has lived here since last year.
뒤에 _____가 따라옴	뒤에 _____ 없음

✱ the 반드시 쓰는 경우

"the"를 쓰는 경우	예 문
이미 언급한 명사	
듣는 사람이 아는 대상	
유일한 존재	
특정 장소, 기관, 국가	
강, 바다, 산맥, 섬 그룹	
악기, 발명품, 신체 부위	
형용사와 함께	
최상급, 서수 앞	

✱ the 사용 불가

"the" 사용 안 함	예 문
일반적인 개념의 명사	
식사, 요일, 월, 계절 등	
스포츠, 게임, 교통수단 등	
추상명사, 학문 분야	
학교, 병원, 직장 (일반적인 용도로 사용될 때)	

✿ 인칭대명사 : 사람이나 사물을 이름 대신 가리키는 말

인 칭	주 격	소유격	목적격	소유대명사
1인칭 단수				
2인칭 단수				
3인칭 단수 (남성)				
3인칭 단수 (여성)				
3인칭 단수 (사물)				

1인칭 복수				
2인칭 복수				
3인칭 복수				

✿ 소유대명사 = '~의 것'을 나타내는 대명사

소유격	소유격 + 명사	소유대명사	예 문
My	My pen	Mine	This is my pen → This pen is _____.
Your	Your cat	Yours	She is your cat → She is _____.
His	His bag	His	This is his bag → This bag is _____.
Her	Her dress	Hers	This is her dress → This dress is _____.
Its	Its color	-	I like its color.
Our	Our bed	Ours	This is our bed → This house is _____.
Their	Their car	Theirs	This is their car → This car is _____.

✸ 재귀대명사 = 행동이 "자신에게 되돌아오는" 대명사

주격
- I
- you (단수)
- you (복수)
- she
- he
- it
- we
- they

재귀대명사
- _____
- _____
- _____
- _____
- _____
- _____
- _____
- _____

용법	설명	예문
재귀 용법 (생략X)	주어와 목적어가 동일	
강조 용법 (생략O)	주어나 목적어를 강조할 때	
관용적 표현		

음식을 마음껏 드세요. _____
편하게 계세요. _____
즐겁게 보내세요! _____

재귀용법 or 강조용법?

I hurt myself. → myself가 빠지면 누가 다쳤는지 알 수없는 문장주어

I = 목적어 myself

I did it myself. → myself가 빠져도 그것을 내가 한것을 알 수 있음.

그냥 '진짜'내가 했어. 라고 강조하기위해 myself를 추가. 삭제해도 상관없음.

주어 = I / 목적어 = it (주어와 목적어가 다름)

→ myself는 강조일 뿐 목적어가 아님

✿ **지시대명사 = 거리에 따라 사물이나 사람을 가리킬 때 쓰는 대명사**

구 분	단 수	복 수
가까운 것	_____	_____
먼 것	_____	_____

✿ **비인칭주어 it**

"누가?"가 없는데도 문장을 만들고 싶을 때,
그냥 "it"을 넣어서 주어 자리를 채워주는 것!

언제 쓰일까요?	예 문

✿ **가주어 it : 영어는 주어가 짧고 동사가 빨리 나오는 걸 좋아해서 가짜주어 it을 사용**

진짜 주어 자리에 it을 먼저 쓰고 진짜 주어(긴 것)는 문장 뒤로
가짜 주어 = it   진짜 주어 = to부정사 / 동명사 / that절 등

종 류	예 문
진짜 주어는 to부정사	To study every day is important. → _____
진짜 주어는 that절	That he is lying is clear. → _____

✿ 부정대명사 "one" vs. "it" 차이 정리

구 분	one	it
의 미		
사용법		
복수형		
관사 사용		
예 문		

✿ "some" vs. "any" 비교

구 분	some	any
의 미		
긍정문		
부정문		
의문문		
조건 If		

✿ "all", "both", "each" 비교

구 분	all	both	each
의 미			
대상 수			
동사 형태			
한정사 사용	all +(of) +_____	both + (of) + _____	each + _____ each + of + _____
예 문			

✿ "Every-", "All-" 비교

Every –	All –

부분부정 : 문장에서 "전부는 아니야"라고 말하고 싶을 때

_____!

_____
→ 모든 학생이 시험을 통과한 건 아니야.(일부만통과)

_____
→ 모든 새가 날 수 있는 건 아니야.

_____
→ 두 개가 다 맞는 건 아니야.

✿ "one", "another", "the other(s)" 비교

구 분	one	another	the other	the others
의 미				
단수/복수				

✓ 사용 예문

another 이용 문장만들기_____

I have three pens. _____ is blue, _____ is red, and _____ is black.

I have five cookies. _____ is for you. _____ are for my friends.

✿ There is/are : "~이 있어요 / ~들이 있어요" 라고 말할 때

현재형 (과거형)	예 문
There is (was) + 단수 명사	
There are (were) + 복수 명사	

be 동사
- 주어의 _____ 설명
- _____
- 의미 : _____
- _____ 없어도 문장완성
- _____

일반동사
- _____을(를) 나타냄
- _____
- 의미 : _____
- 대부분 _____ 필요
- _____

✿ be동사의 현재형 & 과거형 변화

주 어	현재형	과거형
I	_____	_____
You	_____	_____
He / She / It	_____	_____
We / You / They	_____	_____

✓ be동사의 의문문

be동사 주어 자리를 바꾸면 의문문이 됩니다. (_____ + 주어 .. ?)

You are happy.   He is a teacher.

_____?   _____?

💡 **의문대명사와 함께 쓸때는 반드시 의문대명사 맨 앞**
(_____ + _____ + _____)

의문사 포함 의문문 _____?

54

✓ 일반동사의 현재시제 용법

현재의 습관, 일반적인 사실, 반복적인 행동, 일정 등을 표현할 때 사용.

✿ 일반동사의 현재형 변화

주 어	동사 형태	예 문
I / You / We / They		
He / She / It		

💡 3인칭 단수 ( ) 현재형 동사 변화 규칙

변화 규칙	일반 동사 + s	→	
	_____ → es	→	
	___ + y → ies	→	
	___ + y → s	→	
	부정문 ( )	→	
	의문문 (?)	→	

✿ 일반동사의 과거형, 부정문, 의문문 정리

구 분	과거형	부정문	의문문
규칙동사	동사 + ed		
불규칙동사	불규칙 변화		

👎 She didn't went to school. → **She _____ to school.** 👍

👎 Did you ate lunch? → **Did you _____ lunch?** 👍

✿ **부가의문문** : 문장 끝에 "~맞지?", "~그렇지?"처럼 확인 또는 되묻는 질문

긍정문 + **부정 태그**

He **is** a student, _____?
You **are** a student, _____?
You **can** drive, _____?
He **will** come, _____?
They **would** help, _____?

부정문 + **긍정 태그**

She **isn't** busy, _____?
They **weren't** late, _____?
You **can't** swim, _____?
We **shouldn't** wait, _____?
He **won't** listen, _____?

✿ **간접의문문** : 질문을 직접 묻지 않고, 다른 문장 안에 질문

직접의문문	간접의문문
What is your name?	1. 의문사가 있는 경우 → _____ Can you tell me _____?
Does she like music?	2. 의문사 없는 경우 (예/아니요 질문) → _____ I don't know _____.

✿ **감탄문** : 놀람, 감동, 기쁨, 분노 등 감정을 강하게 표현할 때

종 류	예 문
What + !	
How + !	

✿ 현재진행형 & 과거진행형 비교

구 분	현재진행형	과거진행형
의미	지금 ~중이다	(과거의 특정 시점)~ 중 이었다
형태	_____ + _____	_____ + _____
긍정문	.	
부정문		
의문문		

✿ 미래시제: "will" vs. "be going to" 비교

구 분	will	be going to
의 미		
형 태		
의미차이1		
의미차이2		

✿ 조동사 = 보조동사 동사의 helper ! 반드시 동사 앞 위치

will	can	may	must	had better	should	ought to	used to

조동사 특징

✓ 항상 _____과 함께 사용

I can go. (O)   I can goes. (X)

✓ 부정문 : _____

He _____ swim.

✓ 의문문 : _____?

She can drive. → _____?

✿ "may"와 "must"의 쓰임 정리

조동사	쓰 임
may	1. _____ 예문→ _____ 2. _____ 예문→ _____ 3. _____ 예문→ _____
must =have to	1. _____ 예문→ _____ 2. _____ 예문→ _____
should	_____ 예문→ _____

✿ "must not" vs. "don't have to" 차이 정리

must not

_____
(도서관에서 소리 지르면 안 돼.)

don't have to

_____
(오늘 공부 할 필요 없어.)

💡 주목!

조동사 + have + p.p → _____ 을 말할 때

⬜	너 정말 피곤했었겠다. (과거에 대한 확신)
⬜	너에게 전화했어야 했는데… (과거에 대한 후회)
⬜	그가 그런 말을 했을 리가 없어. (부정 확신)
⬜	(이미) 버스를 놓쳤을지도 몰라. (과거 추측)
⬜	너는 이길 수도 있었어.
⬜	내가 알았었다면, 도와줬을 거야.

✿ 조동사 + 동사원형 vs 조동사 + have + p.p

조동사 + 동사원형	조동사 + have + p.p

✿ 형용사 :

형용사의 역할	설 명	예 문

✿ 부사 :

- 부사의 역할 - - 설 명 - - 예 문 -

💡 부사의 형태

A-ly로 끝나는 부사	형용사와 같은 형태의 부사
대부분의 부사는 형용사 + -ly 형태	일부 부사는 형용사와 동일한 형태

✿ "How" + 형용사/부사 확장 표현

의문사 표현	의미	예문
	얼마 (가격)	
	얼마나 많은 (개수)	
	몇 살	
	얼마나 먼 거리	
	얼마나 오래	
	얼마나 자주	

✿ "many, much, a few, few, a little, little" 정리

구 분	사용 대상	의 미	예 문
many	셀 수 ____ 명사 ( )		
much	셀 수 ____ 명사 ( )		
a few	셀 수 ____ 명사 ( )		
few			
a little	셀 수 ____ 명사 ( )		
little			

✿ 빈도부사 : 얼마나 자주 어떤 행동을 하는지를 나타내는 말

위치 : _____

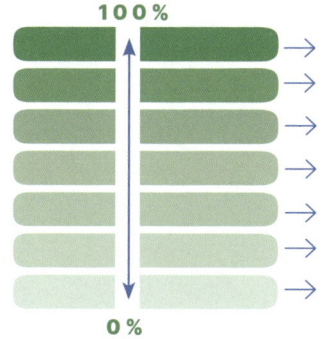

100%

→
→
→
→
→
→
→

0%

✿ "too"와 "either"의 쓰임 차이

too	either
_____에 동의할 때	_____에 동의할 때
I like pizza. → _____ 나도 피자 좋아해!	I didn't study hard. → _____ 나도 공부 열심히 안했어!

타동사 + 부사 표현 :

어떤 동사는 혼자만으로는 뜻이 약해서,

뒤에 부사를 붙여야 완전한 뜻이 돼요!

예를 들어: turn = 돌리다 (무슨 걸? 어디로?)

→ turn off = 끄다   → turn on = 켜다

목적어가 명사일 때	목적어가 대명사일 때

✿ 비교급 : 비교대상의 차이를 말할 때
최상급 : 비교 후 '가장 ~ 한 것'을 말할 때

구 분	비교급 (-er / more)	최상급 (-est / most)
	short →	short →
	important →	important →
불규칙 변화	good → _____	good → _____
	bad → _____	bad → _____
	far → ____(거리) /____(정도)	far → _____ / _____

✿ 원급 비교: 정도나 상태가 비슷한 걸 표현

구 분	설 명	예 문
(not) as + ____+ as	같은 정도를 비교할 때	
(not) as + ____ + as	행동이 같은 정도로 일어날 때	

✿ 원급 비교 확장 표현

표현	설명	예문
	(숫자가) ~만큼 많은	
	(양이) ~만큼 많은	
	~하자마자	
	~하는 한	
	~하는 한 (거리·범위)	

less + 형용사 + than : 더 적다는 걸 표현

A is less + 형용사 + than B. → A는 B보다 덜 ~하다

I am _____ today than yesterday.
→ 나는 오늘 어제보다 덜 피곤해.

This bag is _____ than that one.
→ 이 가방이 저것보다 덜 비싸.

비교급 강조: 진짜 훨씬 더~해!"라고 강조하듯

자주 쓰는 강조 표현들 : _____

💡 주목! 절대 _____ 는 사용불가

This pizza is _____ better than that one.

He is _____ faster than me.

She is _____ taller than me.

✿ 문장 형식 (Sentence Structures) 1형식~5형식 정리

1형식:

2형식:

3형식:

4형식:

5형식:

형식은 문장의 뼈대!

'누가 + 무슨 행동을 하다'까지만 → 1형식

Birds fly. 새가 날아 → 1형식

Birds fly fast. 새가 빨리 날아 → 이것도 1형식

fast는 여기서 부사예요.

→ "날다"라는 동작을 더 자세히 설명하는 말이에요.

동사인 fly를 꾸며주는 거지, 문장의 뼈대에는 영향을 안 줘요!

2형식 : 주격보어란? 이름 뜻 풀이부터!

주격 = 주어와 관련된 / 보어 = 보충 설명해주는 말

→주어가 어떤 사람인지, 어떤 상태인지 설명해 주는 말

The sky looks blue.

주격보어: blue (주어 The sky 의 상태를 설명)

She is a teacher.

주격보어: a teacher (주어 She가 누구인지 설명)

3형식

'주어 + 동사' 뒤에 동사의 행동을 '받는 대상, 목적어가 들어감

"누구를?" 좋아해?   I like <u>BND</u>.

"무엇을?" 먹어?   I eat <u>bread</u>.

4형식 : 간목? 직목?

직접 목적어 (직목) → 무엇을? 주로 받는 물건

간접 목적어 (간목)→ 누구에게? 받는 사람

Mom gave me a gift.

me → 간접 목적어 (누구에게? = 나에게)

a gift → 직접 목적어 (무엇을? = 선물)

4형식 : 목적격 보어란?

목적격 = 목적어에 대한 말 / 보어 = 보충 설명하는

→ 목적어가 어떤 상태인지 보충 설명하는 말

We call him a genius.

목적어 '그' = '천재'

5형식 :

✿ 4형식 → 3형식 전환 시 전치사 "_____" 정리

4형식 _____ → 3형식 _____

전치사	의미 & 용법	4형식 (SVOO)	3형식 (SVO + 전치사구)
to	_____의미	He gave **me a book**.	
	_____	She showed **us** **her pictures**.	
for	_____ 어떤 행동을 할 때	I bought **her a gift**.	
	_____	He made **me a cake**.	
of	어떤 정보를 요청 _____	I asked **him a question**.	

❃ 동명사 : 동사가 명사로 변신하기 위해 -ing 붙여서 명사처럼 사용

구 분	설 명	예 문
주어 역할	문장에서 주어로 사용됨	
목적어 역할	동사의 목적어로 사용됨	
전치사의 목적어	전치사 뒤에 오는 명사 역할	
보어 역할	주격보어로 사용됨	

❃ 동명사 vs to부정사 : 동사가 명사로 변신하는 방법 두 가지 ing & to 동사

구 분	동명사 (-ing)	to부정사 (to + 동사 원형)
의미 차이		
주어 역할		
목적어 역할		
보어 역할		
전치사 뒤		
사용 동사		

✿ to부정사와 -ing 둘 다 목적어로 쓸 수 있는 동사(의미 차이 ✕)

✿ to부정사와 -ing 둘 다 목적어로 쓸 수 있는 동사(BUT 의미 차이 O)

동사	동명사 (-ing) 과거 경험, 일반적 행동	to부정사 (to + 동사 원형) 미래 지향적, 특정 목적

✿ 완료동명사: 과거에 이미 일어난 일을 표현 할 때, 그 행동이 과거라는 것을 having p.p 구조로 사용

 대과거　　　　　　　　　 과거

_____ : 먼저 거짓말을 한 뒤,　　　_____ : 사과했다

완료동명사 예문　_____

✿ 동명사 + 수동태 = being + p.p

동명사	동명사의 수동태

✿ to부정사 : "to + 동사원형" 형태 동사의 의미를 넘어 사용의미가 확장

구 분	설 명	예 문
명사적 용법		
형용사적 용법		

✿ to부정사의 부사적 용법 : 이미 완성되었지만 밋밋한 문장을 '왜? 어떻게? 뭐 하려고?' 등을 to 동사로 표현확장

부사적 용법	예문

✿ It is 형용사 for/of 목적격 to 동사

	사용하는 형용사	예문	설명
for			
of			

✿ to부정사의 수동태 to be + 과거분사 (p.p) : ~되기 위해, ~되어야 할

구분	to부정사 능동	to부정사의 수동
형태	to 동사원형	to be + 과거분사 (p.p)
의미	"~위해", "~ 할" 행동이 _____적으로 이루어짐	"~되어지기 위해", "~되어야 할" 행동이 _____적으로 이루어짐
언제 사용?		

✿ 완료형 부정사 : 이미 끝난 일이나 앞서 일어난 일을 말할 때

구 분	예 문
to have p.p (능동)	
to have been p.p (수동)	

✿ "too ~ to", "enough to", "so ~ that" (can/could, can't/couldn't)

구분	too ~ 형/부 to = so + 형/부 + that + 주어 + can't/couldn't	형/부 enough to so + 형/부 + that + 주어 + can/could
의미		
예문	The bag is too heavy to carry. =	They are smart enough to solve the problem. =
	She spoke too fast to understand. =	He was old enough to drive. =

✿ 사역동사 : 누군가에게 어떤 행동을 하게 하는 동사

사역동사	구 조	예 문
	_____ + 사람 + _____	
	_____ + 사람 + _____	
	_____ + 사람 + _____	

💬 지각동사 : 지각동사는 무언가를 보고, 듣고, 느껴서 알게 되는 것

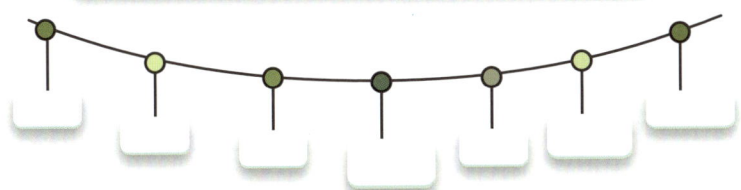

✿ 지각동사 사용시 목적격보어 형태

구분	구 조	예 문
목적어가 행동을 능동 (스스로)할 때	지각동사+목적어+_____	
동작이 진행 중	지각동사 + 목적어 + _____	
목적어가 수동 (~되어지는)경우	지각동사 + 목적어 + _____	

✿ 동명사 vs. 현재분사 : 쌍둥이처럼 똑같이 생긴 ing라도 하는 일이 달라요!

동명사 (-ing)	현재분사 (-ing)

✿ 감정 관련 현재분사 vs. 과거분사 비교

~ing: _____	p.p : _____

✿ 현재분사 & 과거분사 위치

명사 앞에서 수식	명사 뒤에서 수식

✿ 분사구문: 긴 문장을 → 짧게 줄여주는 마법 공식!

Step-by-Step	만드는 방법
1. 문장 속 부사절 (접속사 + 주어 + 동사) 찾기	When I opened the door, I saw the cat.
2.	
3.	
4.	
완성된 분사구문	
중요한 포인트	When opening the door, I saw the cat.

가장 중요한 규칙!

✓ _____만 생략 가능, _____ 그대로 써야 함

예문: _____

✓ 부사절에 had p.p 이면 → _____

After he had finished his homework, he went out.

→ _____

✿ 분사구문의 다양한 접속사

접속사 분류	접속사	예 문
시간		
이유		
조건		
양보		
동시동작		

🗨 분사구문 p.p 예문

After he was born in Korea, he moved to Canada later.

→ _____

🗨 분사구문 부정문

Not / Never + -ing / p.p / having p.p

_____

🗨 with + 명사 + _____ → 앞 명사가 ~하고 있는 중

_____

🗨 with + 명사 + _____ → 앞 명사가 ~되어진 상태

_____

✿ "during" vs. "for" : '~동안'이라는 의미로 해석은 똑같지만, 쓰임이 다름

during + _____	for + _____

예문

✿ "by" vs. "until" 정리

	by	until
의미		
예문		

✿ 명령문 : 누군가에게 지시하거나 권유. 주어 생략

구 분	구 조	예 문
일반		
부정		
제안/권유		

명령문, and	명령문, or

✿ 수동태 기본 be + p.p : 누가 ~를 당하다 / ~되어지다 라고 말하는 문장

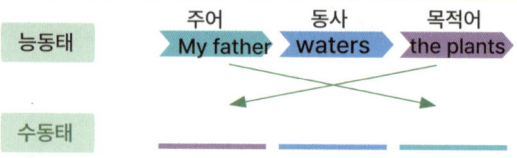

🔲 시제에 따른 수동태

시제	수동태 구조	예 문
현재시제		
과거시제		
미래시제		
현재진행형		
과거진행형		
현재완료		
과거완료		
미래완료		

수동태를 쓸 수 없는 동사들

The bag was disappeared. (X) → _____ (O)

그럼 의문문은 어떻게 해요?

의문문은 "be 동사"를 먼저 앞으로 !

기억해요!

be동사(Am, Is, Are, Was, Were)가 있으면,

주어랑 be동사 자리만 바꾸면 돼!

The song **was** sung by Tom.

→ _____ ?

🟠 현재완료 용법별 주요 표현

용법	특 징	예 문

🟠 현재완료 주의 사항 정리

주의 사항	예 문
1.	
2.	
3.	
4.	
5.	

💡 현재완료 vs 과거시제 비교

과거시제	현재완료

✿ 현재완료에서 자주 나오는 for vs since 한눈에 정리!

for = 얼마 동안	since = 언제부터

반드시 기억할 한 줄 요약

현재완료는 과거 + 지금,

그래서 한 시점 말하는 표현이랑은 안 써요!

(예: when, yesterday, last year, in 2005 등 한 시제는 현제완료와사용 X)

✓ I have seen him yesterday. (틀림!)
✓ I saw him yesterday.

💬 과거 완료: 과거 안에도 먼저 한 일이 있어요!
"더 전에 이미 끝난 일"을 말할 때 써요

대과거 → had p.p → 과거

예문 1

예문 2

💬 현재완료진행 : _____

과거 (1 p.m) → 현재

예문

✿ 현재진행 vs 현재완료진행

현재진행: 딱 지금 이 순간!	현재완료진행: 지금까지 쭉~ 해오는 중!

가정법 if : 사실이 아닌 일을 "만약 ~라면..." 하고 상상해서 말하는 문법

가정법의 핵심 원리

✓ 진짜가 아니니까 _____로 상상하는 것!
현실이 긍정이면 → 가정은 _____   현실이 부정이면 → 가정은 _____
✓ 시제 원리 : 사실과 다르다는 걸 강조하려고 시제를 한 단계 더 뒤로
현재를 가정할 때 → ____ 시제   과거를 가정할 때 → _____ 시제

구 분	형 태 & 예 문
가정법 과거 ____와 반대	If + 주어 + _____, 주어 + _____
가정법 과거완료 ____과 반대	If + 주어 + _____, 주어 + _____.
혼합 가정법 _____	If + 주어 + _____, 주어 + _____ now.

현실 문장을 '만약 ~라면' 문장으로 바꿔요!

As I don't have a car, I can't go anywhere.

→ _____

As she left early, she missed the show.

→ _____

As she didn't sleep enough, she is tired now.

→ _____

🔅 조건 if : 일반적 진실, 미래 특별한 사항을 조건화해서 말할 때

구 분	형 태 & 예 문
일반적 진실 과학사실 등	_____ 시제 사용 : _____
미래 상황예측	_____ 시제 사용 : _____

조건 if 자리 주의사항

✓ if절에는 보통 will, would를 쓰지 않아요!

If it will rain, we will stay home. **(X)**

If it rains, we will stay home. **(O)**

✓ 쉼표 주의! if절이 문장 앞에 오면, 쉼표(,)를 써요.

If you study, you will do well.

if절이 뒤에 오면, 쉼표 안 써도 돼요.

You will do well if you study.

🔅 접속사 if : ~인지 아닌지

예문 _____

✓ 뜻은 같지만 꼭 whether만 쓰는 경우!

1. _____

2. _____

3. _____

🗨 관계대명사란?

✓ 관계대명사는 두 문장을 _____ !

영어는 똑같은 단어를 반복하는 걸 싫어해요!

두 문장에 _____, 대신 _____

선행사(= 앞에 나온 명사) 종류	주격	소유격	목적격

✿ 관계대명사 문장 만들기!

Step-by-Step	예 문 (두 문장을 한 문장으로!)
1.	① This is the girl. ② She sings well. → _____ = _____ 같은 사람
2.	_____를 지우고 _____ (___이므로 ___ or ___)
3.	→
다른 예 1	① This is a book. ② It is very interesting. →
다른 예 2	① This is the car. ② I bought it last month. →

💡 관계대명사 자리 빠르게 구분하는 방법

관계대명사	판단 기준	예 문
	관계대명사 뒤에 바로 _____가 오면	The girl who sings well is my friend. _____
	관계대명사 뒤에 _____가 오면	The girl whom I met was very kind. _____
	관계대명사 뒤에 _____가 오면	The girl whose father is a doctor is my classmate. _____

✿ 관계대명사 생략

	생략 가능여부	예문(생략 전)	예문(생략 후)
주격		The boy **who is** play**ing** soccer is my friend.	
목적격		The movie **that I watched** was fun.	

✿ 관계대명사 "what" 정리

설 명	예 문
"what"은 _____ 역할 가능 (_____ 불가능)	
유일하게 _____ 관계대명사 "what"은 _____하므로 앞에 _____	
what =	I know what he wants. = _____
관계대명사 "what"은 문장에서 _____ 역할 _____과 다름!	

의문사 who, which, what vs 관계대명사 who, which, what 비교

구분	의문사 who, which, what (　　　　　)	관계대명사 who, which, what (두 문장을 ____)
의미	who = which = what =	who = which = what =
역할		
예문		

"that"의 쓰임 (관계대명사, 접속사, 지시어) 정리

구분	관계대명사	접속사	지시형용사/대명사
역할			
의미			
문장내 위치	앞 명사(선행사) 뒤 + _____	that + _____	that (+ ____)
예문			

❋ 계속적 용법 관계대명사 : 앞에 쉼표(,)가 있고 "추가 설명"

구 분	설 명	예 문
	_____을 설명할 때	
	_____을 설명할 때	

💡 주의!! "that"은 계속적 용법에서 사용 불가!

📝 관계대명사 총 정리

❋ 관계부사 : 명사(선행사)가 _____

선행사	예	관계부사	관계부사 = 전치사 + 관계대명사

🌸 관계부사 생략 가능 여부 & 주의할 점

관계부사	의미	대체 가능	예문 (관계부사 사용) & 생략 가능 여부

💡 관계대명사 vs 관계부사 비교

관계대명사	관계부사
This is the house. my father built it.	This is the house. I was born in it.
my father built it. 여기엔 _____ → 그래서 관계대명사 _____를 사용	I was born in it. 여기엔 _____ → 그래서 _____하고있는 관계부사 _____ 또는 _____

🌸 복합관계부사: 관계부사 + ever '무엇이든 ~하는' 뜻으로 쓰임

복합관계부사	의 미	예 문

memo

memo

memo

You made it to the end.
Be proud of yourself!